하얀 수련

박인태 제5시집

하얀 수련

푸른

하늘에

핀

꽃

세종출판사

정직한 이지호, 이쁜 조이에게

바람을 따라 흘러가는 산과 들, 사람의 마을, 꽃과 나무들, 하늘과 구름, 무엇이거나 바라보는 대상에서 퍼져 나오는 향기에 취해 글을 쓰고 싶어진다면 그때가 글을 써야 하는 시간이다. '왜'라는 의문도 없고, '무엇'이라는 주제도 없이 쓰고 싶다. 이런 말, 이런 문장이 떠오른다면 그것이 글을 써야 하는 이유이다. 하루를 살면서 솟아나는 감정을 표현하는 것으로 글을 썼다.

푸른 여명, 서서히 숲이 깨어나 눈을 뜨기 시작하면 부드러운 봄바람과 함께 노래하는 새들. 낮은 속삭임 같았다가 아이의 청량한 목소리처럼 울려 퍼지는 사랑 노래. 사람들은 맑은 축복의 소리를 들으며 깨어났다. 오늘도 아름다운 노래 속에 세상이 걸어왔다. 새로운 아침에는 누구라도 저마다 가진 것 중에서 제일 값진 사랑을 내어놓았다.

새들은 활기찬 노랫소리를, 나무들은 향기를, 짐승은 선한 눈빛을 그리고 사람들은 저마다 좋아하는 환상을 세상에 풀어 놓는다.

하나하나 마음에서 탄생한 사랑의 나눔이 모여 진지하고 아름다운 정원을 꾸미고 있었다.

화사한 꽃으로 가득한 봄날 정원.
비와 안개에 젖은 여름날 들판.
눈부신 색, 가을 단풍,
천사보다도 더 새하얀 겨울

내가 내놓을 수 있는 건 한 편의 시였다.

차례

하얀 수련

물에서 태어나
하늘에 핀 꽃

물의 소망을 담아
하늘로 오르는
물속과 하늘에 핀
두 송이, 환상
기쁨과 환희

고독하게 보이는
위태로운 향기,

물 위를 조용히 걷는 향기에
풍경은 물에 빠져 버렸다

물속의 꽃이 살랑거리면
물 위의 꽃도 같이 흔들렸다
둘이 될 수 없는 운명

축복의 빛으로 피어나
투명한 물 위로 날아다니는
화려한 빛깔들

평화로운 구도,
정갈한 색

호수
깊은 곳에서
울려 퍼지는

숨 막히는 정적

고요한 풍경 속
아기 조이 미소만큼
우아한 꽃

조이 눈동자 속에서
피어나는
순수한 애정

애타는 간절함에서
피어난
향기로운 아름다움이
날아다닌다

물에 잠긴 세상과
하늘의 세상을 나누어

바라보고 있는
텅 빈,

침묵

4월

4월에는
꽃이 피는 나무,
하얀 그늘로 가자

푸른 하늘로 뻗어나간 줄기마다
흰 꽃이 자욱하고
봄 향기 가득한
나무 아래로 가자

그곳에는
고흐의 찬란한 별이 있고
뭉크의 비명 같은 외침이 있다

강한 것은 욕심이다
진실만 보자

어두운 겨울 색깔을 벗고
순수와 열정으로 가자

4월이면
하늘의 길은
이미 마음을 따라가고 있다

영영 잊을 뻔한 언덕
나무 아래로 가자

언제 봄이 오느냐고
투덜거렸는데

깃털보다 가벼운 봄이
온 마을에 내려앉은
4월이다

4월에는
꽃그늘 아래로 가자

우리도
색채, 찬란하게 번쩍이며
휘몰아치는 고흐의 별을 보고
살아있는 뭉크의 비명도 들어보자

향기

봄날
태어나는 사물

꽃
향기
따뜻한 바람

나비는 꽃을 따라
날아다니고
파리도 깨어났다

기분이 좋았던 나비는
불쌍한 파리를 구원하고 싶었다

친구, 달콤하고 향기로운
꽃밭으로 오세요
천국의 축복은 넘쳐요

파리는 짧게 대답했다
친구, 천국은 거기가 아니고 여기요,
당신이야말로
이리로 오시는 게 어떻겠소

취향이 다른 선택,
향기들의
경계가 모호해졌다

선택은 오래된 결정이었고
나머지는
살아가는 것이었다

파리
나비
좀 더 까칠한 벌
어떻게든
열심히 살아가는 것을
존중해야겠다

나 역시
살아가는 것,
이것이 전부였다

살아 있는 행위
그 속에 모든 게 있었다

귀함

병아리의 탄생을
어미 닭이 신비로워하듯

우리는 모두
누군가의 사랑이다

병아리가 세상에 나와
처음 어미 닭을 만나는 기쁨처럼

우리는 모두 누군가의
위대한 부모, 자랑이다

누군가는 왕으로
누군가는 평민,
노예로 살지만

본색을 숨길 수는 없다
우리는 누군가의
기쁨이며 자랑이다

누군가는 악행을 저지르고
또 다른 누군가는

선행으로 악행을 덮어주지만

근본은
사랑하는 아들딸이며 부모이다

사람을 구분하는 건,
누군가의 기쁨
누군가의 든든한 자랑
두 가지뿐

그 외는
모두
잠시 정신이 혼미한 틈에 나타난 강박 관념,
소신이란 이름으로 저질러진 의미 없는 일들

행위자의 의식
소명, 불타는 의지, 확고한 신념,
어떤 이름으로 행해졌든
자신의 행위가
타당하다고 믿고 있는 그에게

죄를 묻거나

죄를 이야기한다는 건
우스운 일이다

존재를 위해
불타오르고 있는 행위이지만
누구도 저지할 수 없는 완벽한 가해

그런 것으로
우리 삶이 구성되어 있다 해도

완벽한 가해자인
악역이라 해도

우리는
누군가의 기쁨
누군가의 믿음직한 자랑이다

기록

기록은 나를 자유롭게 했다

이제는
완성되었다는 것
또는 지금
시작한다는 것

기록만이 나를 자유롭게 했다

한 장으로 압축된
시간의 발자국을 보며
감정의 행위를 써 내려 갔다

그때의 느낌과 기분은 어떠했는지
자세히 알 수 있어
기록이 나를 자유롭게 했다

기록은
한 개 사건,
여행의 끝을
선언하는 행위

그리고는 또다시 시작하는 설계서
한 단계씩
어떻게 가겠다는 의지

하나하나의 감각적 느낌을
정확히 음미하고 나아가야 했다

이 시점에서는 이런 것이고
저 시점에서는 저럴 것이다

집을 설계하듯
행위의 사건들을 순서대로 정리해 갔다
때로는 마음이 흔들려
엉뚱한 방향으로 가기도 했다
그래도 좋다
앞을 향해 자유롭게 가자

어떻게 가든
결론은
맑은 정신으로
분명하게 써야 했다

기록만이 나를 자유롭게 한다

기록,
마음에 깊이 새기는 서약

잘나고 못난
좋고 나쁜 기록은 없다

사람의 행위만 적혀 있을 뿐
심판에 대한 이야기는 없었다

어느 장소
어느 이야기든
만들어진 대로

나는 간다

단어

짧고
명료하며
번쩍이는
외침을 찾아다녔다

어느 단어도
끝없는 생명력으로
살아남은 건 없었다

별의 이름은 사라졌고
제국도 왕도 지워졌고
스승은 떠나갔고
의미를 잡아내기 힘든
현상들만 남았다

사랑마저
황무지의 꽃처럼 말라 갔다

여전히
나를 지탱해줄
단어 하나
기쁨을 주는

단어 하나를 찾는다

단어를 찾아
새긴다는 건
생각과 차원을 달리하고,
진정한 삶을 살아 보고 싶은
열망,

그러나
모든 게
진정한 삶이었다

기쁨은 어디 있는가

가슴 뛰는 설렘으로
충만한 기쁨을 찾는다

기쁨 가득한
단어를 찾는다

커피숍의 아침

에티오피아산
부드럽고 강한 향기

탁자 위
커피 향기에 날려 다니는
네루다의 시,
한 구절의 충격이
적막한 공간에 울린다

은은한 여유 속에서
창 넘어 변화하고
소란스러운 거리를 바라보면
아침의 활기로 걸어가는
거리의 열정이 좋았다

화려한 거리를 준비하는 사람들
여유롭고 익숙한 손놀림으로
축제 준비를 마친다

아침의 도로는 신선했으며
숨길 것 없는 맨살로도 아름다웠다

거리엔 즐거움만 있어
사람들이 몰려와서는
신비로운 기분에 젖을 것이다

처음 만나는 기쁨과
자유로운 마음으로
행복할 것이다

언어나 옷차림은 잊고
수없이 많은 얼굴로
모든 게 섞인
새로운 향기에 취할 것이다

깨어 있는 마음으로
사랑할 것이다

묶여있던 마음이
속박을 끊고
자유롭게 걸어 다닌다

정시 출발

모든 건
떠날 시간에 맞추어 떠났다
영원히 남는 건 없었다

남아 있다면,
홀로
외로운 덫에 걸린 것이다

모든 것은
떠날 시간에 맞추어 떠났다
정류장의 버스
봄의 끝자락에 선 벚꽃

누군가의 마음을 싣고
떠날 시간에 맞추어 출발했다

떠나는 것을 뒤 쫓아 갈
필요도 없이
예정된 시간에 떠났다

남겨진 여운이야 남겠지만

가는 곳은 신천지,
새로운 세상이다
이제
떠나온 세상은 영영 잊었다

단맛의 여운을 느끼는 순간답게

마지막 입맛은
단맛 전부를 보여 주어
잠깐, 번개처럼 환상으로 지나가고
마침내
단맛을 모두 잊어버리듯

모든 게 다 지나갔다

어느 한 장면도 남은 건 없었다

이전의 그것이 무엇이었는지
도무지 알 수 없을 만큼
다 지나갔다

나무

아름다운 균형

나무의 자태는 경이로웠다

가까이 다가가면
그의 몸은
아픔처럼
상처투성이다

바람 불고 비가 와서
도전에 직면할 때면
몸의 어느 구석엔가
상처가 남았다
가지가 부러지고
찢겨 나간 살덩이

바람이 물러가면
말없이 상처를 덮었다

다음번 바람에는
좀 더 크고 튼튼해져서
이기기 바라며

조용히 상처를 감싸고
뿌리를 깊게 박았다

한 개 가지가 부러지면
두 개 가지를 뻗고
원망하거나 눈물 흘리지 않고
고요한 삶의 명상처럼
튼튼해지고 키가 커졌다

완벽한 균형
늠름한 모습

늦가을 햇살이 날카로워
눈살을 찌푸리고 있었다

가치

부유한 거리
현란한 불빛

정갈한 가게
잡티 하나 없이 깨끗한
비싼 상품

누구나 욕심내는
삶의 갈망
최고의 사치에
희열이 몸부림칠 때

한 끼
라면을 찾아 헤매는 욕정이
더 짜릿할 수도 있다

삶의 진실한 맛은
거침없는 곳에 있었다

이 맛을 위해
다 버려야 하는데,
이미 늦었다

버리기엔
입맛에 길든
아까운 것이 너무 많았다

볕이 잘 들고
시원한 방에 앉아
명상이나 해야겠다

순간이란

기억은 깊이 묻혀 있었다

묘비명 아래
더 깊숙이

그래 기억은 죽은 것이다

기억 속
환한 미소
터질듯한 사랑스러움도
사실은 죽은 것이다

잊지 않기 위한 몸부림,
사진을 가슴 깊이 새겨 보지만

먹고 마시고
또 다른 사랑을 하면서
영영 잊은 것이다

기억도
사진도
모두 죽은 것이다

사진 속
한 시절의 모습,
영광의 절정은
바람 따라 지나간 지 오래

그 장면에서
영원히 머물고 싶지만
이미 전생의 기억처럼
사라진 것

우리가 버린
찢어지게 기쁜
환희와 사랑이
저 사진 한 장
뿐이었을까

그때
그의 영혼과 손잡고 가지 않은 한
우리 서로는 죽은 것이다

미안한 안타까움으로
질기게 사진만 붙들고 있지만

어떤 수식어나
미사여구를 써도

진실은

나에게 그는 죽은 것
그에게 나도 죽은 것

사라지는 것이 두려운 것

나에게 바칠 수 있는
최상은 보상은
용서였다

공모자

역사는 항상 새롭게 다시 쓰이며,
따라서 모든 역사는 현재의 역사이다.
– 칼 베커 / 역사학자

역사는 하나의 단막극,
서로 연결되어 있다
시간의 강을 흘러가며
자연스럽게 만들어지는
사람 이야기

성공 또는 실패한 이야기
결국엔 망했거나 사라졌다는 진실

지나고 보면
역사적이라는 이야기,
하나하나는
그렇게 중요하지도
의미가 있지도 않다

분명하게 보아야 할 것은 그 사건 속,
그 현장에서 모두가 체험했던 일이었다

누구는 성공한 편에서
누구는 반대의 편에서
나머지는 방관자로
벌어지는 혈투들,

서로가 가장 정당하다고 믿는
소신으로 무장한 세력들

두 개의 집단은 서로를 향해

당위성으로 면죄 받은
가혹한 폭력을 행사하며
집단의 이름으로
사람의 의미마저 버린
잔인한 살육을
당연한 즐거움으로 누렸다

그 순간에는
모두
번쩍이는 짐승의 눈을 가졌다

만족은 배부른 자의 몫이 되었고
역사 속

배부른 사람들은
이상한 이야기를 즐겼다

역사의 한 장면, 한 장면을
들추어 보면
때로 분노가
때론 눈물이 쏟아진다

그러나 어이없게
사람의 삶,
어느 시점에서든
시간의 단막극은 진행되고 있으며

우리는 같은 시간,
같은 공간에서 이루어진
분노에 정신을 잃은

악랄한 이야기 속
등장인물,

공모자다

저, 총을 든 사람은 나다
저, 총을 쏜 사람은 나다
저, 총에 맞아 죽어가는 사람은 나다

바로 나 자신이다

누군가
현재 진행 중인 이것,
단막극의 결말을 미리 볼 수 있다면

분노하거나
눈물을 흘릴 것이다

사람의 역사
어느 시점에서든
단막극은 진행되고 있으며

우리는 모두
그때
그 공간에서 타당한
여유로움에 젖어 있었다

후손들은 틀림없이 물을 것이다

그때
왜 그러셨나요

그때는,
그럴 수밖에 없었다고
살아남은 사람 모두가 대답했다

아니면 침묵했다

사랑이 걸어간다

사랑은 피어났다

작은 씨앗이
알 수 없는 어디선가 날아와
정원에 뿌리를 내리고 성장해 가듯
사랑은 자라났다

비바람에 시달리고
덥고 추운,
계절의 힘에 흔들리면서

웃다가 울다가
화내다가 상냥하다가 …

사랑은 어려운 풍파를 건너다닌다

지나온 길을 뒤 돌아본다면
사랑이 사라졌던 날은 없었다

행복하게 걸어 오는
눈물 나도록
아름다운 감성

어느 순간이라도
사랑이 없었다면

나는 유령이다

사랑은 언제나 자랑스럽게
임을 따라,
임을 찾아간다

나를 따라 다니는 사랑은
순식간에 온다

때가 되면
사랑은
누구에게라도
원하던 대로 나타난다

신사와 숙녀

신사는 신사답다
깔끔한 외모, 예의 있는 행동
숙녀는 숙녀답다
단아한 옷차림, 우아한 행위

품위는 품위에서만 만들어졌다
학식과 연륜, 돈의 문제가 아니었다

돈으로 장식하여
잠시 사람을 현혹할 수 있어도
영원한 신사와 숙녀는 될 수 없었다

신사가 되고 싶은가
신사의 향기를 풍겨라
숙녀가 되고 싶은가
숙녀의 아름다움을 발산하라

우리는 신사답게 살기도
거지처럼 살기도 한다

순간순간의 선택이 그렇게 만든다

신사와 숙녀로 영원할 순 없을까
어려울 거야
영원한 건 없고
마음은 자유분방하니까

신사와 숙녀는 자유롭다
배려하는 인격으로 아름답다

우아한 향기, 하나만으로
신사와 숙녀가 될 수는 없다
그렇게 치장한, 그들은
단순히 가여운 사람들일 뿐이다
우아해지고 싶지만 절대 우아할 수 없는
가난한 사람들일 뿐이다

사람의 계급은
보이는 것에 있지 않았다

분위기

사람의 방에 온기가 돌 듯

모여 사는 곳이라면
방향제처럼 퍼지는 분위기

무거운지, 가벼운지, 명랑한지

모여있는 장소를 짓누르는
존재의 무게에 갇혀
몽환적 느낌으로 행동하고 있지만

통합되어
한눈에
존재하는
한 개의 장면

서늘한 물속의 물고기처럼
분위기 속을 서성댄다

나의 마음이
분위기에 몽땅 빼앗겨
눈치를 보고

몰입하자

나의 시간은
내 것이 아니었다

분위기 속을 헤엄치며
분위에 묻혀
나는 사라지고

분위기 속
시간을 살아간다

나는 나의 기쁨을 버리고
집단의 향기에
목줄이 매인 것이다

국화

들판에 가을이 가까이 오면
하얀, 노란 별들이 반짝였다

흐린 하늘
구름은 마구 뭉쳐
이불처럼 덮여 있고
강변은 조용했다
물길은
발자국 소리 없이
숨죽이며
가볍게 걸었다

갈대의 옷도 바뀌었다
서걱거리는 옷자락 사이를
작은 새들이 뛰어다녔다

들판은
여름의 열기가 사라져
초라해져 갔다
그 들판을 채운 건
국화,
하얀 별들

물결치며
이 땅에 흩날리는
눈물같이 빛났다

노란 향기

향기에 취해
마음에 새기는 맹세

너는 사랑이다

가을 들판 가득히
날아다니는

하얀 눈물들

존재에 대하여

1. 사람의 마을

사람의 곁에는
사람에게 도움을 주는 것만 남았다

사람의 동네에는
사람과 함께 살 수 있는 것만 남았다

사납고 날카로운 것은 사라졌다

논과 밭, 소와 돼지는 살아남았다
황무지, 호랑이와 늑대는 사라졌다

사람의 곁에는 가장 친숙한 것이라
이름 붙은 것만 존재했다

위험 요인은
은밀히 사라지는 중이다

여전히 존재하는 위협들은
몸을 숨겼다

들키면 죽는다

사람들은
감정을 깊이 숨겼다
수 없는 욕 들을 숨기고
표정은 웃었다

들키면 죽는다

때로 본능적인 날카로움이 나타날 때
능청스럽게 무표정하거나
아무도 눈치채지 않았길 바랐다

어쩔 수 없이 발각된 잘못은
재빨리 방으로 숨어들어 밀폐했고
사람들이 잊어 가는 동안만 기다렸다
순식간에 존재를 소멸시켰다

그리고는 과거의 죄가 잊히면
화려하게 부활했다

정직한 참회는 없었다

사람의 주변에는
사람에게 도움이 될만한 것만
살아 있다

인간답지 않다는 평가로
많은 것이 사라졌다

저건 저들의 삶
이건 나의 삶
서로 귀속되지도 않고
생각의 속도가 달랐음에도

같은 공간에서
같은 행위를 하고 있다는
착각에 빠진

한결같은 주장

사람의 동네엔 사람만 산다

2. 사람답게

사람의 마을에선
사람답게 살아야 한다

까칠하지 않게,
주변의 인연들이 좋아하는 일도
때때로 해 가면서
성실하게 살아야 한다

넌 사람의 동네에 온 것이다
사람의 동네인 이상
사람답게 동네의 원칙을 지키며
살 필요는 있다

마음에 들지 않는다면
이사하여야겠지

신의 축복대로
천만세의 영화를 누리는 것에
이견은 없으나

사람의 마을에선
사람답게 살아야 한다

꽃은 아름다워서 슬프다

은은하고 화려한 색상
요염한 자태
완벽하다

꽃은 언제나 아름답게 태어났다
그러나 벌과 나비가 찾아오지 않았다

꽃의 착각은
자신이 완벽하다는 자만과
자신이 직접 벌과 나비를
찾아다닐 수 없다는 걸
잊은 데 있었다

벌과 나비는
꿀이 가득한 꽃을 찾았다

화려함에 눈이 멀어
잠시 들렀다 가도

이내 실망하여
아름답다고 자부하는 꽃을 떠났다
유혹에 빠지는 것은 순간일 뿐

벌에게는 꿀이 중요했다

아름다운 꽃은
자신이 왜
벌과 나비의 세상에서
소외되는 줄 모른다

화려한 자신에게 취하여
자신만 아름답다고,
더 아름다운 건 없다고
집중적인 착각을 했다

결과적으로
사람의 세상에서
나에게 찾아오는 사람이 없다는 건
망했다는 것

벌과 나비가 좋아할
무엇도 갖지 못하였다는 것

방향과 길은 정해졌다

방향과 길이 전부다

가야 할 방향과 길은 정해졌다
열정적으로,
즐겁게 가야 할 길

너를 이뻐하고,
너를 사랑하는 길

너와는 무심하고,
헤어져 가는 길

이것을 선택하고
저것은 무심한 듯
덮어두는 일

방향과 길은 정해졌다

무엇이든 지금 현재가 최고다
길목에 들어서서 걷기 시작하면
만사는 좋은 것이다

덥거나 지치거나 굶주릴지라도
그 길의 속성은 그렇다

길을 걷기 시작하는 건
너의 발길이지
소문 때문은 아니다

꽃길인지, 황폐한 곳인지
길의 속성은 모른다
발길이 그리로 가고 있다

방향과 길은 정해졌다

이젠 길 위에서
미치도록 즐기는 일,

그것뿐,
그것이 전부다

이름

사물의 이름에서 연상되는 것

증오스럽거나
사랑스럽거나

작은 소리,
단어 하나의 울림을 따라
마음속에서 그려 내는
감정의 그림은

경험적으로
각자 심하게 달랐다

내가 사랑하는 단어가
누군가에겐
공포나 불쾌감이었다

과거의 부정당한 행위를
담고 있는 한 개의 단어,
사물이나 풍경은
우리를 공포에 떨게 했고
비껴가게 했다

사랑했던 경험 또한 같았다

우리는 모두
순결한 사랑에서 출발했다
오늘의 결과가 어떻든
많이 왜곡되어 있을지언정

완벽한 순수에서 출발했다

사물의 정의가 그렇다면

이제
이름의 공포를 잊어야겠다

이름은 덮어두고
보이는 것을
솔직한 눈으로
보아야겠다

부부 사이 지란지교를 꿈꾸며

정직해야 한다
숨기지 말아야 한다
사랑을 아끼지 말아야 한다

변화무쌍한 너의 마음이
제멋대로 활개 칠 때도
지켜주고 보살펴야 한다

노예 같다는 불평이
마음에서 요동칠 때도
참아야 하느니라

푸시킨의 시
삶이 그대를 속일지라도
슬퍼하거나 노여워 마라

누구의 집에 가도, 이발소에서조차
평생 걸어 놓았던
가보의 교훈 아니었던가

그러면, 한 30년 지난 뒤
배우자는 말할 것이다

그동안 너무 감사했다고,
그리고
미안하다고

그 뒤에는 뭐,
새로운 것 있느냐고

배우자는 떠났다

평생을 기다려온
지란지교를 흩날리며 ...

사기당했다고 섭섭해하진 말자

전생이든, 어느 한때
우리는 푸른 정원에 앉아
애달픈 사랑을 꼭 완성해야 한다고
끝없이 흐르는 애정의 눈물로
로미오와 줄리엣보다 더 심각한
감동 어린 사랑을 맹세하였는지

누가 알겠는가

이야기를 듣고 난 뒤
어린 손자가 물었다

‘그럼 두 분은 다시 만나실 건가요’

‘안돼!’

삶의 힘

저토록
아름다운 곡선의
육감적인 몸매

예쁜 여자들이 있는 한
삶을 포기할 수 없다

티 없이
맑고 투명한 아기 눈동자
순수한
삶의 진실이 있는 한

숨 막히는
사랑을 멈출 수 없다

붉은 노을
부드럽고 단정한 식탁
배 곱은 마음을 감동하게 하는

따뜻한 음식의
웃음소리가 있는 한
가족을 포기할 수 없다

떠내려간 사랑

어느 나이,
어느 공간에서 살았든
때를 놓친,
흘러가 버린 사랑은 꼭 있었다

마음에 다 주어 담지 못하고
지나가 버린 사랑,
당시엔 잊었다고 생각했지만
아니었다

제대로 보살피지 못해
말라 죽어 가슴에 검게 박힌 사랑들

아이를 키우고, 세월이 가며
잘했어 사랑해
한 마디면 되었을 사랑

그때 사랑한다고 격려했어야 했는데
살기 바쁘다는 이유로
흘려 버린 사랑

외톨이가 된 사랑들이 가득하다

어떻게도 되돌릴 수 없는
소외된 사랑들
생각 날 때면

부끄럽고 안타까운 마음에
밤잠을 이루기 어렵다

이제는, 두 눈 크게 뜨고
겸손하게
마음 가득 사랑을 담고 살아야겠다
그러면
나누어 주지 못한 사랑은 없으리라

아니다
사람의 마음엔 오직
사랑만이 담겨 있다

술 취한 사람이
어젯밤을 기억하지 못하듯
무언가 욕심에 취해
그때그때 나누어 주어야 할 사랑을
잊은 것이다

고양이

낡은, 양철 지붕 위
고양이, 새끼 두 마리 낳아 길렀다
지붕을 덮은 큰 대추나무 그늘
여름 햇살을 막아주고
아침마다 새들은 날아와
함께 뛰어놀며 행복하게 자랐다

가을 차가운 바람
나뭇잎 어지럽게 날아다니고
우울할 만큼 어두운 날

새끼 한 마리
약을 먹었는지
마당 가에서 죽어가고 있다
형제와의 이별을 아는지
지붕 위에는 풀이 죽은
또 다른 한 마리

그러고 보니 어미가 보이지 않는지 오래되었다

남아 있는 새끼 고양이
외로운 생각에 빠져 있다

찬 바람 불기 전 떠나야 할까
동생 손 잡고
돌아가야 하나
과거 어느 때에도
이런 날
섭섭한 마음으로
돌아간 적 있는데
오늘같이 우울한 날
이 땅을 떠나려니
더욱 우울하다

초저녁,
잠시 후면 꿈의 등불이
하나둘 켜질 것인데,
저승 같은 이승의 분위기
지금 밀려오는 잠속에 빠져
꿈을 꾸듯이 이별해야 하나

모두 사라져 버려
유달리 가슴 아프게 남은 미련도 없는데
여름 내내 뛰어다니며
잘살아 봤는데

이제 끝내야 하나

생각이 지친 녀석이
천천히 몸을 뉘었다

- 훌쩍 떠나가 버리려는
  외로운 공포
  지켜보는 내가 무서워졌다
  저 고양이의 외로움을 어떻게 채울 수 있을까 -

그래 이대로 잠이 들면
영영 떠날 수 있을 것 같다

큰 대추나무 아래
새끼 고양이
세상은 조끔씩 꿈의 문이 열려
돌아가기 좋을 만큼 살짝 어둡고
섭섭한 바람 불고

마당 가 작은 고양이
이미 깊은 잠에 빠졌다

순천만 갈대

강둑 너머
갈대의 세상

드넓은 갈대 무리

황금빛 들판처럼
모여 있는 너희를 불러 보았다

기억이 사라지기 전에
갈대를 생각해야 했다

갈대의 세상
바람 불면
모두 함께 군무를 춘다

그들의 향기,
서성이는 모습들

텅 빈 마음으로
서로의 간격을 맞추고
높이 서서
말없이,

표정 없이 단순하게
바라보는 모습들
잊기 전에 기억해야 했다

여기서 무얼 하는지
물어봐야 했다

이 땅을 흘러간 시간 중에
무엇을 감추려고
빽빽이
광활하게 살고 있는지
눈치를 살펴야 했다

바람 부는 날이면
왜 그렇게
낮은 목소리로
함께 울고 있는지

기쁨은 무엇이고
희망은 무엇인지
말 없는 갈대를 알기 위해
함께 서서 흔들리는 갈대가 되어야 했다

넓은 갈대밭
사잇길 걸으며
눈 맞추어 인사하자
어린잎들은
특이한 동물이 지나가는 걸
신기한 듯 바라본다

파란 잎은
건방진 자세의 내가
어디로 가는지 궁금해했다

잠시 눈앞을 지나
사라지는 것이 신기해
몸을 부르르 떨기도 했다

그러나
오래 살아온
키 큰 갈대는
표정이 없었다

다만
그들의 세상에 충실하여

속으로 무언가 잔뜩 숨기고 있을 뿐
생각을 잊어버린 자세로
서 있었다

서로 간의 거리를 맞추며
몸이 부대껴
상처 입지 않을 거리를 유지하며

서 있는 것으로
존재했다

침묵을 깔고
엄숙한 정적을 덮은

적막감

바람 없는 날
갈대밭에서 바쁜 건 없었다

광활한 갈대밭을 가득 메운 건
고요하게
답답한 정적

작은 바람에도
갈대는 깜짝깜짝 놀랐다

모든 게 사라졌고
나 역시 소멸한 것 같아
지독히 외로웠다

시간 뒤에 남겨진
가벼운 미소 한번 나누지 못한
여자가 생각났다
더 외로워졌다

갈대밭에서 오래 머물러
감정이 도착해서야
겨우 눈을 뜰 수 있었다

평등과 자유

제우스는 밝은 세상을 통치하고
그의 아우 하데스는 어두운 지옥을 다스렸다

어느 쪽이 평등한가
어느 쪽이 자유로운가

당연한 숙명처럼
우리는 각자 자신의 입장,
또는 지위를 가지고 있었다

계급사회 안에서

어느 쪽이 만족한가
어느 쪽이 자유로운가

사람의 입장에서는

나를 만족하게 하고
나에게 자유를 주는 것이
무엇일까

우리는 자신의 그릇 속에서
평등을 주장하며 자유를 누린다

그러니 먼저
더 큰 그릇을 요구하자
자신에게
더 큰 그릇을 허용하자

결과를 밖에서 찾지 말고
답이 나올 때까지
끝없이
자신에게
책임을 묻고
보상받아야 겠다

나를 지배하는 건
나뿐이었다

말과 글은 존중되어야 한다

말과 글의 본성이
자유분방하게 뛰어노는 것이라 해도
말과 글은 존중되어야 했다

철학서는 신사적이지만
배려하지 않은 주장이 강하여
이해하기 어려운 내용을 강요하며
세심하게 보살펴 주지 않았다

소설은 시대적 배경 속에서
인간성 회복의 명분으로
배신과 잔학함을 강조하여
그 옛날의
체험하지 못한 상황이
상상하기 어려워 불편했고

시는 며칠 지나지 않았는데
말린 장미처럼
바삭거리며 부스러졌다

말과 글은 존중되어야 한다

누구의 인생,
누군가의 고귀한 경험을
나누고 싶은
선물로
태어났기 때문이다

좀 더 인내심을 가지고
노력해야겠다
이해하기 위해
발버둥 쳐 봐야겠다

말과 글은
누군가의 의지이며
약속이었다

사랑을 나누겠다는
진정한 본심이었다

사랑

1.

그냥
지독한 것에 걸렸다

멈추지 않는 기쁨

두근 거리는 감정

모든 일들이 확실하게
이루어 지고
삶은 풍요로워졌다

저 사람
사랑하지 않으면
그리워하지 않으면
가슴 터져 죽는 거다

이유는 없다
판단도 없다

그냥 미치도록

좋은 것이다
곁에 있으면
한 개 기쁨이 되어
마음은 둥실
꿈을 꾸고 있고

그냥 좋은 것이다

일상의 선택들은
무심했지만

사랑,
그것만은
환영을 보는 사람처럼
누구도 이해하지 못하는
이유 없이
좋은 것이다

마음은 활짝 열려 버려
자신조차 이해하지 못했다

사랑

가혹한 광기

영원하지 않은
한 시절, 한때

엄마를 찾는 아이의
터질 듯한
외로운 절규처럼

그대로
사랑이다

더하고 뺄 것도 없이
사랑은 사랑이다

2.

사랑
희열의 애착

푸른 수렁에 빠진 날

헤어날 수 있을까

사랑과
함께한 기쁨은
단맛을 즐기는
맹목적 잔인함

사랑이 끝나면
거침없이
털고
일어나
떠나갔다

모든 것은 완성되었다
이제는
사랑이 할 일은 없다며
잠깐 사이 사라진다

마음대로 피어난 꽃

사랑하고 헤어지고
사랑하고 헤어지는

연속되는
향기로운 욕망

사랑의 끝은
마법처럼
풀린
슬픔

3.

영혼은
어두운 침묵 속
무한의
호흡에 숨어

오직 하나의 열망
누군가를 향한

사랑의 목마름에 허덕인다

굶주린 늑대의 코끝에서

맴도는 피 냄새
포만의 꿈,
향기를 찾아 헤맸다

어떤 명분으로 보여도
목적은 하나
분명 사랑을 찾고 있다

나머지는 부질없는 장식,

사람의 영혼이란,
오직 하나,
거절할 수 없는 유혹의
냄새를 추적하는
집념 어린
외로운 늑대처럼

무의식적으로
살고 있다

가야할 곳이 있다

새벽처럼 일어나
가야 할 곳이 있다

약속된 약속과
약속되지 않은 약속이 있다

나를 부르는 곳으로 가야 한다
가서, 모두 만나야 한다
사랑하는 것들
원수처럼 미워해야 할 것들

약속대로
우리는 사랑하거나 다투어야 한다

가야 할 곳이 있다
새벽처럼 일어나
만나야 할 사람을 찾아가야 한다

흥분이 몰고 온 열정을
불면으로 지켜본 새벽녘
얼음처럼 차가운 정신으로
가야 할 곳이 있다

흐린 날

오후 내내 흐렸다

하늘은 어두웠고
강물도 차갑게 흘러갔다

익숙한 햇살이 사라지자
누구라도 어두워졌고
방향을 잃었다

당연히,
가볍게 뛰어다녀야 할 시간마저
무겁고 힘겹게 지나갔다

생각도 무거워 지고
새들은 높은 나뭇가지에 앉아 울었다

검고, 어두운 날
이대로 밤이 찾아오고
먼 산도 자취를 감출 것이다

자연스럽게
사라져야 하는 것처럼

황혼의 십자가

빛은 산 너머 사라졌다

마지막 황혼이
산 너머 마을의 등불처럼
능선을 넘어오고

능선 끝자락,
높이 솟은 교회 십자가
어둠이 찾아온 동네를
살펴보기 시작하면

사람들은 그제야
허릴 펴고 하늘을 본다

하루의 일에서 눈을 떼는 순간
부질없는 시간이 지나갔다고
어둠이 속삭이고

몰려오는 피로
어깨와 허리가 아프고
다투었던 기억이 아프고

화가 났던 마음이 아프기 시작하면

동네를 밝히는
선명한 십자가
죄를 용서한다

십자가의 하얀 눈,
침묵으로 지켜본 일들을
다시금 상기시키며
멋쩍은 표정들에게
온화한 미소로
조용히 죄를 용서했다

십자가의 미소 앞으로
노동을 짊어진
고된 자전거가 무심히 지나갔고

회개를 잊은 바퀴는
힘겹게 굴러가며 졸고 있다

어두워진 오후 5시
겨울, 찬바람과 십자가

신의 축복

우리는 모두 신의 축복을 즐기고 있다

누군가는
광활하고
푸른 평원의 품에 안겨
침묵의 언어로 이야기하고
고독한 환상
아름다움을 즐기고 있다

누군가는
넘치는
풍요의 호사를 감당할 수 없어
빈한한 자를 부리고
괴롭히는 즐거움에
하루가 모자랐다

누군가는
척박한
황무지에서 모래바람과 싸우며
죽도록 일을 해도
한 끼 일용할 양식 없이 굶주렸다

누군가는
동류의
사람에게조차 천대받으며
짐승보다 못한 대접으로
심신을 상실하기도 했다

우리는 모두 신의 축복을 즐기고 있다

다양한 습관의 식사를 하며
마음속에선 언제나
신을 찬양하고 감사하고 있다

서로가 대비되는 삶의 불만족은
최대한 외면하려 노력하고
신을 원망하지 않기 위해 회개하며

신을 찬양하고 신께 감사하고 있다

신의 제국에서
하나뿐인 원칙은
자유,

개는 개의 종대로 자유로우며
고양이는 고양이의 종대로 자유롭고
사람은 사람의 종대로 자유이다

무엇을 선택해도
나는 자유이며 영광이니
너에게도 같은 권세를 주리라

신의 명령은 살벌했다

다만, 따르기만 하면 되었다

권력을 잃어버린 자는
비굴한 눈빛으로 복종을 서약하고

야생의 황무지를 벗어나
도시에 진입한 자는
가혹한 착취와
채찍질을 서슴지 않았다

초라한 지구는
가엽게도

둥글고 작다는 한계가 있고
역할은 순환되었다

어제 지독한 채찍질하던
저 사람이 나이며
오늘 살을 찢는 채찍에 피 흘리는
저 사람은 나다

신의 명령은 준엄했다

건널목

난폭한 차량
위협적으로 달리면
길을 건널 수 없다

교묘하게
간사하게
건너다
비명횡사한다

길은 멀고
기다림이 길어도
약속은 지켜야 한다

언젠가
멈춰 서고
편안히 건널 수 있다는
약속이 있기에
세찬 바람
조급한 초조함에도
기다리며 버틸 수 있다

건널목

신호가 없다면
기다림은 지옥이었을 것이다

때가 되면 비가 오고
때가 되면 행복해지는
약속이 있어
사람으로 살아간다

위인의 전기

위대한 삶의 일대기,
자기 자신에 대한 사랑 이야기

마음의 문을 열고
얼마나 자신에게 충실하였는지
보여주는 사랑 이야기

태어나 성장하고
환경에 적응하며
집단의 분위기에 빠져
그들에게 보여준 사랑

그러나 달리 보면
자신을 가장 사랑한 사람의 이야기
이렇게 살아 봤다는
일기장

위대한 성인은
평범한 사람처럼
웃고 즐기며
식탁의 만찬처럼
삶의 맛을 즐겼다는 것

어느 것은 소멸하고
어느 것은 여전히 남아
우리 주변을 계절처럼 맴돌고 있다

자신을 끔찍이 사랑했고
마음과 신성이
함께 살았었다는 증거들,
뜻을 분명히 세우고
흔들림 없이 나아갔다는
거룩한 표본

잊지 말아야 할 것은
운명을 만들어 나아 갔다는 것,
실패도 성공도, 좌절까지 엮어낸
화려한 여정

내가 누구인지 잊은
우리에게 보여준 사랑

자신을 절대적으로 사랑하자
그렇지 않다면 허무할 것이다

가까운 사이

강변에 사는 사람들은
강을 모른다
바닷가에 사는 사람들도
바다를 모른다

강이 얼마나 감동적인지
바다는 얼마나 아름다운지
강과 바다의 열정에 대해서도
알지 못한다

저 광활한 위압적인 풍경,
산에 사는 사람들이
얼마나 보고 싶어 하는 그림이며
부러운 삶인지

정작 본인들은
강과 바다와 함께 사는 행복을 모른다

언제나 제자리를 지키는
엄격한 바위처럼

무심히 지나가는

당연한 삶의 배경이 되어

강변 사람들은
불어오고 지나가는 바람처럼

강을 바라볼 뿐이다

마치
기쁨으로 시작한
사랑의 가족이
세월 지나 익숙해지면

편안한 자만심으로
서로에게 상처를 주듯이

다만
그렇게 살고 있었다

무게

삶의 무게는 정해졌다
공평하게 나누어졌다

비교하거나
힘들다고 투덜거릴 일은 아니다

하루에 감당하는
고민의 무게
불만의 무게
책임져야 할 무게

누구라도 균등한 짐을 진다

사별한 여인이
부처님께 눈물로 억울한 이별을 한탄하였다
현명하신 분은
누구라도 죽어 이별하지 않은 집에서
쌀을 한 줌씩 얻어 오라고 하셨고
여인은 빈 그릇으로 돌아왔다

무게는 공평하게 나누어졌다
돌아보지 말자

나의 글

철 지난 연애편지를 읽듯이
부끄러워선 안 된다
의미가 몽롱한
맛없는 글은 안된다

날카로운 충격,
서늘한 전율이 퍼져야 한다

부드러운 구름처럼 머물다
세찬 소나기가 되어야 한다

선명한 사진처럼
사람의 세상을 그려놓지만
문장에는 이름 모를 향기가
가득해야 한다

글은 내가 쓰는 게 아니다
혼돈에서 벗어난
자유로운 영혼,

지독하게 나를 사랑하는
내가 쓰고 있었다

용서하는 힘

용서는
가진 것 없고
가난하고 초라한
패배에서 나오는 것이 아니다

사랑이 넘치고
사람에 대한 애정이
하늘 같은 사람만이
용서할 수 있다

복수를 다짐하는
강한 힘을 가진 것처럼
보이는 사람이야 말로
아무것도 가진 것 없고
사랑마저 바닥 난

참,
불편하게 왜소한 사람이다

하늘 같은 마음만이
용서하고 잊는다

들리는가

복수를 다짐하는
저 강한 사람의
우렁찬 외침,
마음이 무너지는 소리

사랑을 잃어버린
마음은
텅 비어

시끄럽게 요란한
저 !
비겁한 소리

새

커다랗고
아름다운 날개 없이

절벽에서 떨어지며

허공에 몸을 맡기는

정신 나간 새는 없었다

수취 불명

외면하는 꽃,
왜냐고
묻지 말자

침묵하는 꽃,
애타는 눈빛
보내지 말자

오늘은
바람 자는 날

사라진 꽃

덩그렇게
꽃대만 남았다

저 꽃대 위
그 자리에는
언제나 나를 반기며
웃어 주던 꽃이 있었다

꽃과 만난
첫날의 감동,
그 향기의 기쁨을
생생히 기억하고 있지만

제가 가진 시간 만큼만
화려하게 타오르고 사라지듯
사랑은 꺼졌고

어느 순간부터
꽃은 당연히 저기 있다는
무심한 감정으로 바라보았다

그러면서도

꽃이 있어
행복한 사랑의 날들은 갔다

홀연히
툭
떨어진 꽃

그때도 몰랐었는데

덩그런 꽃대를 보며
번쩍
정신이 든다

아, 꽃은
사라진 것
영원히 떠난 것
두 번 다시 내 곁에 오지 않는 것

그리운 절망

숨이 막혀
죽을 것 같은

이별

꽃은 갔다

무엇이든
마음에 심어졌던 것이
떠나는 날은
함께 따라가고픈 열망에
숨이 막혔다

그날은 무겁게 울었다

극한의 아름다움으로 치장한
유명 배우의 화려한 결혼식을 보았을 때

그보다 초라할 수 없는 집에서
순수한 아이의 허기진 삶을 보았을 때

- 희망은 사라졌고 작은 아이의 눈동자엔
어두운 삶의 공포가 가득하였다 -

막대한 재물로 치장한
군주의 오만한 표정을 보았을 때

- 그 눈빛은 사람의 것이 아니었다 -

가난한 사람들의 절망적 포기,
수렁에서 허우적거리는 모습을 보았을 때

어미 잃은 새끼의 울음소리를 듣고 있을 때

그와 꼭 같은
신을 향한 나의 기도 소리가
허공에서 맴돌고 있을 때

편지

찬 바람에
이런저런 생각들이 쓸려 갔다

아침엔
더 맑았으며
나무는 자태가 선명했다

깨끗하게 정리된
풍경을 보며
생각들을 하나하나 지워가자
비로소
너의 모습이 정직하게 보인다

투명한 아름다움
물 향기 번지는
순수한 마음을 읽는다

전주에 날아와 앉은
까치에게 부탁했다
사랑을 찾았다고
전해 달라 부탁했다

너의 창가에 서성대는 까치가
꼭 이놈이길 바라면서

상쾌한 아침
포근한 여유로움으로
살고 있을 너에게

부디
나의 진실을 담은 노래를
불러 주라고
미움은 없었다고

전해 달라 부탁했다

다시 시작하자

그래
다시 시작하면
모두 행복할 것이다

버틸 수 없는 인연은 떠났다

어지러운 책상을 치우듯
일상의 도구를 모두 버리면

백지처럼 깨끗해진 공간
허전함이 순식간에 밀려오며
사라진 것에 대한
간절한 그리움과 함께
사라진 것이 몹시 안타까웠다

공백은
다시 채워야 한다는
부담의 어려움과 후회가 생겼다

나를 족쇄처럼 잡고 있는
저 깊은 속마음

이제 너의 진실을 알았으니
나는 기쁨으로 가겠다

눈앞에서 반짝이는
아름다운 흥분

아, 저것
나를 기쁘게 하는 것

하나하나 찾아가겠다

상처

덮을 수 없는 추억

분노할 수 없는
사랑의 전투
그 모든 것의 흔적

지나온 길에 만난 것 중에
사랑 아닌 것이 어디 있을까

상처 없이
고목은 그 오랜 시간
살아남지 못했을 거다

상처가 없다는 건
사랑이 없었다는 것

사랑만이 전부를 지탱할 수 있었다

분노 마저
깊이 들여다보면
사랑이었다는 건
상처를 보면 알 수 있다

정월의 불놀이

저기 불이 춤춘다
거대하고 유연하게
몸을 뒤흔들며
춤추고 있는 불

붉은 기운,
휘돌아 오는
부드러운 손길
스치기만 해도
흔적없이 사라진다

무서운 몸
거대하고 뜨거운 율동

훨훨 날아오르며
타는 불
몸에서는 수 없는 광채가
번쩍이며 튀어나와
진주처럼 반짝이며

어둠에 박힌 별과 함께
정월의 하늘이 흔들린다

거대한 불이 춤춘다
붉은 몸뚱이
황홀한 육체를 흔들며
화려하게 불이 춤춘다

감당할 수 없는 사랑이 춤춘다

바라보는 있는 영혼을
깊이 껴안고 춤추고 있는 불덩이

뜨끔한 공포
거대한 힘, 두렵다

누구도 함께 춤추며
흥겨워할 수 없는
무서운 아름다움

불이 춤춘다

신성한 의식의 날
달의 기운에 젖어

안개 자욱한
깊은 동굴을 나오고 있는
붉은 발걸음
소리 없이 유연한 몸놀림

불이다

저것, 소멸의 신
사람의 깊은 마음

순식간에 광풍으로
폭발하는 힘

탕 탕, 천둥 같은 소리와 함께
급하게 휘몰아치는
뜨겁고 선명한 불

와, 불이 춤춘다

경주 1

알싸하게
매운

천년의 향기는 사라졌다

무덤보다 깊은
흙 속으로 스며들어
이곳엔 향기가 없다

그리운 사람의 모습만큼
높이 솟은
봉분들

그리움이 사라지자
높은 봉분들은
외로움으로
제 살을 깎아 몸을 낮췄어도

흘러가는 구름조차 머물지 않는다

들녘에는
신이 난 강아지 마냥

바람만이 뒹굴며 놀았다

마지막까지
홀로 살아남은
돌담, 석축

나뭇가지에 가려지기 전
묵상에 잠긴 것들만
천 년 동안 감긴 눈을 떴고

들녘의 흙과
오솔길만이 이야기한다

그날의 행복과
그날의 슬픔에 대하여

향기를 풀어 말하려고
노력하고 있다

소문

아침
햇살이 넘어오는
동쪽 산마루
넘어
세상의 소문이 들려 온다

누구는 행복했고
누구는 정신을 잃었다는
짧은 소식들

소문이 삶을 흔들진 않았으나
특별한 전율을 가져 왔다

희열 같기도 한
누군가의 소행에
무언가는
충격을 받고 변화했다

아침
산마루를 넘는
수 없는 햇살
하나하나에 얽힌 이야기를 들으며

자동차 소음처럼 지나치지만

무언가
나를 흔들고 가는 손이 있다

소문에 휩싸여
아침이 불쾌하기도 했다

소문
끝없는 소음에 묻혀
누군가는
무언가는
변화해 가는 삶을 느낄 수밖에 없다

진실의 문제는 아니고
방법의 문제니까
정확히 구분하기도 어렵다

전달되는 속삭임에
완벽하게 구속된다

무효다

지금까지 벌어졌던 일들은
무효다

지금까지 말한 것은
무효다

의미 없이 끌려다니던 삶은
무효다

뭔지도 모르고 당했던
어려움, 투쟁과 다툼은
무효다

원하지도 않으면서
종속되어
조건 없이 따라온 지금까지는
무효다

사랑이 뭔지도 모른 체
사랑 없이 내뱉은 말과 행위들은
무효다

오늘부터는
사랑을 알게 되었고
너에게 정직해졌으며
나에게 솔직해졌다

지금부터가 진짜다

과거의 일

– 어느 한때를 꺼내 보며 –

힘센 바람에
나뭇가지는 정신없이 흔들렸고
이파리들은 사납게 날아다녔다

회상하는 당시는 그랬다

험한 바람과
폭력적인 물질 사이를
허둥대며
왜소하게
복종하는 눈빛으로 걸었다

의무는 직선적이었으며
갖추어야 할 덕목은
질서 있게 순종하였다

홀로
사유한다는
한가한 행복은
존재하지 않았다

그러나
죽은 시계가 갑자기 똑딱거리듯
어느 시점부터
시간이 움직였다

시간의 검은 그림자는
소멸이었다
사람의 행위도 규칙도
소멸하였다

침묵보다 깊은 정적

홀로 남아
텅 빈 공간 가득
지나간 시간이 동시에 나타나

빽빽이 채우며
한바탕 소나기처럼 날뛰었다

똑딱똑딱, 시계 소리 울리는 방에
새겨지는 문구

존재는 없다

행위도 없다

살아왔다는 생각,
험난한 모험이
산자의 체온이었을까
죽은 자의 꿈이었을까

살아 본 것도
죽었었던 것도 아니었다

믿음의 습관

여기는 화를 내는 장소
이 집에만 오면 화가나
저기는 사랑이 자라는 곳
마음이 편안하고 부드러워져

이 사람은 천사
나는 지켜 주고 따뜻하게 해줘
저 사람은 악마
끝없이 나의 마음을 두드려

이런 상황은 없다
맹세코 없는데도
우리는 용감하게 삶을 구분하며 산다

해가 뜨고 지는 시간까지를
낮이라 정하고
절대 꿈이 아닌
생생한 현실을 살고 있다고 주장한다

하나하나
명백히 구분하고 있는
증거가 많은데

우리의 주장은 타당할까

이 혼란의 와중에서
맞고 틀린, 적부에 대한 판단은
누가 하고 있을까

화를 내는 논리는 명료하며
사랑의 감정은 정말 순수하고
선과 악은 명확히 구분되었는가

우리의 행위가
생각에 의한 감정에 충실하듯이

어쩌면
대낮이라 불린 행위가
신에 대한 맹목적인 충성은 아닐까

이것은 한낮!
신의 말씀을 전해 들었지
직접 들은 것도 아니잖아

여기선 이렇게 해도 되고

저기선 그렇게 하면 안 된다는

생각의 믿음
우리의 올가미들

해부해 봐야 한다

경주 2

그 거리는
빈
공터가 되었다

수많은 사람들
천 년 동안
하루하루의 삶이 있었던 자리

환상의 사람들이
북적대는 혼잡한 소리

찬 바람에
번쩍 눈을 뜨면

빈 들녘
아득한 들판

이곳
천 년의 사람들이 활개 치던
그곳
서늘한 마음으로
사람을 찾는다

새로운 출발이란

떠날 때가 되면
떠나면 되지

너는 이미 충분하다

세상의 비난을 견딜 만큼
쓸모없는 유혹을 이길 만큼
튼튼하다

학교에서 배운 건 세상의 밥상
그리고 잊어야 할 것은
너의 성적표
그건 멍청한 개구리가 그어 놓은 선에 불과하지

담장 밖에는
다양한 색상의 개구리가 있어
게슴츠레한 눈으로
못마땅하다는 듯
우습다는 듯
다 해봤다는 듯
경멸적인 표정으로
자신의 영역을 지키고 있는 개구리들

청춘은 저렇게 되기 전에
떠나면 되지

황무지에 정착해도 좋아
그곳에도 신의 선물은 있어

자신에게 꼭 맞는 게 뭔지
무엇이 좋고 나쁜지
한 번쯤 생각해야 돼

누구의 판단도 아닌
자신만의 생각으로 보면

사람의 세상은 화려한 공간
무얼 해도 빛나게 되어 있어

누구를 지배해서 즐겁고
복종해선 우울한 건
세상에 널린 다양한 개구리에게 주면 돼

허세로 뭉쳐진 그 개구리의 슬픈 꿈은
네가 가려고 마음먹은

그 길이야

맑고 청명한 길
길을 걸으면 사랑이 저절로 피어나는
그런 행복을 느끼는 길이라면
다 포기하고 떠나

길 위에서는
누구와도
동등한 주인으로
존중하고
인사하며

네가 선택한 것이
감정을 흥분시키는
충만한 기쁨이라면
더는 바랄 것이 없겠지

말

부드럽게 다듬어야 한다

잠든
영혼을 깨우기 위해
보내는 마음은
세밀하고
정교하게 깎아야 했다

공감은 완벽하게
너와 나
하나가 되는 것

그러나 소리는
공명할 수밖에 없는 구조

너의 고음과
나의 저음으로 완성된
완벽한 화음

그때야 비로소 아름다웠다

공감은

잃어버린 공명

그러니
사랑해 달라는 말은 버리고
사랑하고 있다는 말을 해야겠다

내 마음속엔
언제나
너를 향한
그리운 사랑 외에
아무것도 없었다고
말해야겠다

관계

아이와 부모는
가장 행복한 관계

여리고 순수한 영혼을 보살피고
사랑을 나누는

완벽한 삶

때로 무거운 피로와
광풍의 어려움이 찾아와도

서로를 격려하는
깊은 애정으로
그 모든 것을 물리칠 수 있는

황홀한 사랑

서로에게 바치는 기쁨

아이와 부모는
가장 행복한 관계

기록 2

기록은 완성되었음을 말했다

그러니
오직
내일에 대해
완성된 사실만 기록하자

평화롭고
화려한 행복
전지전능하게
이루어진 사실만 쓰자

기록만이
나를
날아다닐 수 있게 하며

나는
완성된 기록으로
자유롭게 살 수 있다

내일의
기쁨을 기록했다

연필

살아남은 사람들은
연필로
그들의 장엄한 역사를 기록했다

지나온 역경과 정복의 시를 쓰고
신비로운 체험을 묘사하였다

만 년 전 문자로 심경을 밝혔고
기쁨은 무엇이며
자랑스러운 만족은 무엇인지
수려한 문체로 기록하였다

희열과 축복,
피와 저주의 역사를
반복적으로 써 놓고 사라졌다

연필의 흔적이 희미해졌을 때
우리는 사력을 다하여 해석했다

하나의 단어는
얼마나 깊은지

아픔과 기쁨의 무게는
비례하는지, 동급인지
하나의 문장 속에서
백 년을 어떻게 살았는지
알아보기 위해 해석하며
일생을 노력했다

마침내 결론이 나왔다

그들도 우리처럼
웃고 즐기며
먹고 마시며
짧은 인생이 지나갔고
마음이 흘러내리는
무거움보다 더 큰
이별을 했다는 것

수 없는 언어와 그림들이
말하고 있는 건
단순한 단어 하나

이별

언제든
사람의 역사를 가득 채운 충격은
이별이었다는 것과

엄청난 사랑,
그것을 기록했다

시간

되돌아갈 방법은 없다
지나온 길은
안개 속으로 사라졌고
하나 남은 길은
앞으로만 이어져 있어
다른 도리가 없다

남겨진 것이 슬프고
충분히 나누지 못해
미안하더라도
포기해야 한다

남은 선택은
계속 가야 한다는 것

미안한 슬픔의 눈물은
묻어 두고
외길로 가야 한다
뒤돌아보지도 않는 작별

안녕, 지나간 젊음
남겨진 사랑, 안녕

봄이 온다

사랑이 사라진 벌판

나무는
한 방울의 물을 원망하며
앙상하게 죽어 갔다

빨간 옷을 입는
노년의 애처로움을 설명하며
검은 옷을 입은
여인의 삶을 해석하며
굳어가는 얼굴과
사라지는 미소를 돌이켜 본다

바람은
쓸모없이 거리를 방황하며
생각 없이 이집 저집을 기웃거렸다

겨울 정오,
가장 따뜻해야 할 시간, 태양이
폭포처럼 쏟아져도
누구도 환영하거나 즐거워하지 않았다

포근한 인정이 포함된
사람의 향기는 사라졌고

사물의 눈빛은
차갑게 깊고 강해졌다
분노 같기도 하고
누군가를 억누를 것 같은
섬뜩한 눈빛이 날카로웠다

그때, 저 멀리서
흙먼지 날리면서 달려오는 건

아, 봄이다

숨차게 달려와
겨울을 위로하는 봄이다

백일몽

한낮
꿈결에
묻혀버린 이야기들

너와 내가 만들었던 사실들,
순간의 치열한 감정
사랑의 기쁨
기약 없이 떠나간 무너지는 슬픔
사실대로 눈물을 흘리고 있었건만

눈을 뜨면
마취에서 풀린 환자처럼
행방이 묘연하다

한 땀 한 땀 엮은 옷이 풀리듯
사라진 사실들

남아 있는 서운한 감정

진짜인 듯
허전하다
어디 갔다 온 것일까

매화

매연 깔린
탁하고 혼잡한 도로 옆
작은 공간

매화는 개의치 않았다

더러운 공기
날카로운 소음
칙칙한 날씨
생각하지 않는다

빛나는 하얀 꽃
풍성하게 피우며
만족해했다

어두운 공간은
놀라 한발 물러섰다
세상이 환하게 밝아졌기 때문이다

흰 매화
오직
자신의 경이로움으로 피어났다

거리

번화한 사람의 거리
누군가에겐 기쁨이고
누군가에겐 불평등의 거리

즐거운 비명을 지르는 행인과
불만족에 괴로워하는
혁명가의 외투를 입은 사람

신의 능력은
만족과 불만족을
균형 있게 맞추는 쾌감

서로를 반성하게 한다

너의 불만족이
누군가의 희열임을 알라는
신성한 계시

발가벗은 신의 모습

누군가의 기쁨과
누군가의 슬픔

비교할 시간조차 주지 않고
떠 밀려가는
축복 속에서

신의 능력은
혼잡스런 불균형

이제
균형을 맞추는 건
사람의 몫이다

고요한 숲속에서

인적은 없었고

오래된 나무들이 만드는
높고 넓은 회랑,
소나무 숲 사이를
한 무리 바람이 지나가고

고요한 정적,
침착한 숨소리
명랑한 작은 새들이 지저귀는
평화로운 여유가 설레게 한다

하늘의 구름은
어두운 발자국으로 숲을 지나가고
높은 가지 사이로
햇살이 날아다니며 웃는 소리

나무의 집
숲속은
새와 바람과

구름과 햇살로 소란하다

숲속은 작은 마을이 되어
오솔길 걸어가면
햇살에 몸을 떨고 있는
나무들의 희열
새들의 낮은 속삭임
바람을 타고 노는 어린 가지들

모두 함께
충만한 실현으로
감미롭다

바스락거리며
검은 그림자 드리우고
유령처럼 떠돌아다니는 건
나뿐이었다

출세작

이제
막
문을 열었다

신비한 세계

시의 나라
이야기의 나라
속으로 들어간다

시인과 이야기꾼은
사람과 연결된
또 다른 세상의
신비를 말하고 있다

사람의 언어를 쓰며
사람의 이야기인 듯하지만

아니다

또 다른
신성을 말하고 있다

신기한 이야기

출세작은
사람 너머
동경하며 꿈에 그리던
읽는 자의 진실에 닿는다

그러나 맛은 알지만
실체는 모른다

단맛은
충분히 달고 향기롭고,
쓴맛은
엄격하게 쓰고
거부하는 냄새가 나듯이

출세작은
충고처럼
확연하게
달고, 쓰다

자신을 사랑한다면

사랑 앞에서
세상일은
모두
사랑
그 이하다

그렇다면
무거운 짐은 털고 가자
마음에 매인
묵중한 짐들은 내려놓자

하나하나
옛 생각이
새록새록 피어나도
다시 속지 말고

혹시
사랑을 버리는 건 아닌지
혹시
하여야 할 도리를
눈 감는 건 아닌지
누군가의 마음을

아프게 하는 몹쓸 짓은 아닌지

두렵고
겁이 나서
다시 짊어지지 말고

몽땅 내려놓고 가자

엄격한 사랑은
버리고 가자

마음 가득
빽빽이 담긴 사랑
나를 잊은, 나를 버린 사람
혼자서만 안타깝게 붙들고 있는
오래된 사랑들은 버리고 가자

해풍에 말라가는 물고기처럼
바짝 마른 사랑은 버리고 가자

모습조차 어렴풋한
묵은 사랑은 버리고 가자

오래된 기억을 버리듯
짐을 벗고
사랑조차 버리고
빈 마음으로 가자

두려움 떠난
그곳에서
새로운 사랑의 짐을 져야겠다

침묵

꽃바람 날리는
하루의 기쁨은

침묵 속에서 바라보면
환하게 알 수 있는 것을

물결을 지우듯이
혼란스럽게 휘젓는

저것

의심들이 왔다

의심들과 난투극을 벌이며

침묵은
침묵하는 중이다

늙은 여가수의 귀환

삼십 년 전
그 목소리는
천상의 메아리였다

그 목소리에
빠져들지 않았다면
이상한 인간이었다

거리에선 청아한 음색의 노래가
끝없이 들렸고
집안에는 낭랑한 목소리의
시가 울렸다

사람들은
순간적이나마
고된 삶을 잊고
신의 향기를 느꼈다

삼십 년 전
갑자기 사라진
목소리의 주인공이 나타났다

사람들은 열광하며
눈물로 콘서트를 맞이했다
이제는 늙은 여가수
단정히 앉아
과거처럼 노래를 불렀다

첫 소절이 나오자

관객들은 통곡하였다

영원히 사라진
천국을 향해

침묵으로 통곡했다

충성

나에게 주어진 일에
충실해야겠다

하루를 살면서
기쁠 때는 기뻐하며 함께 즐거워하고
분노하거나 슬픈 일에는
세상에는 사랑뿐이라며 격려하고
꽃들이 신이 나서 춤을 추면
함께 춤추고
구름이 지나가면
인사하며 말을 건네고
흘러가는 강물에겐
잘 가라고 축복하며

커피 향기 속에서
사랑하는 사람의 살냄새를 맡으며

가만히 눈 감으면
어느새 가슴에 와 있는
연인과 대화하며
오늘 하루도 즐거웠는지
물어보고

맑은 눈으로 하늘을 보며
깨끗한 마음으로
자신을 돌아보며
두려워하지 않도록 지켜준
은혜를 감사하며

나는 나에게 주어진 일에
충실해야겠다

옛날 빵집

모퉁이 조그만 식당
삼겹살 무한 제공

삼십 년 전
순수한 열정의 시대
저 집
향기로운 빵집
스무 살
아름다운 처녀와
검은 눈동자 반짝이던
친구들과 함께 앉아
어두운 골목을 등진
하얗게 밝고
향기롭던 빵집

아쉬운 대화로
깔깔거리며 웃던
가로등 불빛 익어가던
그 밤을 아직도 기억한다

빵집
달콤한 향기만큼

처녀의 볼은 붉었고
눈빛은 화려했다

지금은 삼십 년 뒤

빵집은 사라지고
긴 머리, 초롱초롱한 눈망울의
처녀도 사라지고

흔적 없는 것들이
흔적 없어 서운한 감정을
향수처럼 날려 보내고 있다

그 시절
그 향기

차라리 잊었으면
행복했을 것을
살이 타는 매운 연기에
실없이 눈물이 난다

눈물 한 방울에

그 시절이 묻혔다

이제 다시는
열리지 않을 것이다

글을 쓴다는 것

글을 쓴다는 건

자신만의 세상을
소개하는 것

누군가를 위해
붙여 놓은 이정표

이곳을 다녀갔다는 표식

그때의 기분은
이러했다는 설명

좋고 나쁜 글은 없다

도움이 되었는지 아닌지
평가할 필요도 없었다

철 지난
이정표는
스스로
소멸되었다

보이스 피싱

보이스 피싱의 목적은 갈취

나의 가냘픈 마음을
휘젓는 공포거나
달콤한 유혹으로
던지는 낚시

물속의 물고기가
미끼의 유혹을 물리칠 수 없듯이
나 역시 벗어나기 어렵다

벗어 날 수 있는 유일한 방법은
수상한 낌새를 알아차리는 것

저건 가짜다
나에게 두려움은 없고
행복은 스스로 찾는다고
굳게 결의한 순간
냉정하게 물리칠 수 있었다

하루만 살아 봐도
나에게

파도처럼 밀려오는 보이스 피싱들

안되, 아플 거야,
무서워, 돈 없어,
탈락, 불만족 …

지식적 보이스 피싱,
사회적 보이스 피싱,

이제는 본성을 찾아
나를 믿고
방랑자 되어 가련다

나만의 기쁨을 위하여

꽃

꽃이다

높은 꽃대 위
감성적인 꽃

뜨거운 태양

소나무 그늘
풀숲에 숨었어도

당당한 꽃

화사함은
쾌락의 유혹

높은 꽃대는
희열의 절정

작은 바람에도
손쉽게 흔들리는
격정

저 꽃의 이름은
거절할 수 없는
유혹

꽃이다

향기가
눈으로 스며드는

꽃이다

나는 저 향기의
비밀을 알고 있다

나는 저 꽃의
은밀함을 알고 있다

외로운 사람

고개 들어

푸른 하늘 보면서

그리운 사람

하나

떠오르지 않는다면

생각나지 않는다면

지독히 외로운 사람이다

박인태 제5시집

하얀 수련

| 푸른 하늘에 핀 꽃 |

초판1쇄 발행 2017년 6월 6일

지은이 박인태
펴낸이 이길안
펴낸곳 세종출판사

주소 부산광역시 중구 흑교로 71번길 12 (보수동2가)
전화 463－5898, 253－2213~5
팩스 248－4880
전자우편 sjpl@chol.com
출판등록 제02-01-96

ISBN 979-11-5979-146-8 03810

정가 10,000원

이 도서의 국립중앙도서관 출판예정도서목록(CIP)은 서지정보유통지원시스템 홈페이지(http://seoji.nl.go.kr)와 국가자료공동목록시스템(http://www.nl.go.kr/kolisnet)에서 이용하실 수 있습니다. (CIP제어번호: CIP2017013138)